2 planches h. t. en couleurs —

— les mythes égyptiens et
les mystères d'Isis
— le corps astral — Ete.

FANTOMES D'ANTINOË

PARIS. — L. MARETHEUX, IMPRIMEUR
1, RUE CASSETTE

AL. GAYET

FANTOMES D'ANTINOË

LES SÉPULTURES

DE

LEUKYONÉ ET MYRITHIS

PARIS

SOCIÉTÉ FRANÇAISE D'ÉDITIONS D'ART

9, RUE BONAPARTE

1904

LA SÉPULTURE DE LEUKYONÉ

15 Novembre 1902.

MESDAMES ET MESSIEURS,

Il y a aujourd'hui cinq ans, je vous exposais les résultats de mes premières campagnes de fouilles à Antinoë. Je vous parlais, en particulier, du dégagement du grand temple d'Isis, que je venais de terminer; je vous disais les splendeurs dont ses vestiges témoignent; je m'efforçais de vous restituer l'intégrité du monument; ses cours, entourées de portiques, où des colonnes de granit rose mettaient la frondaison de leurs chapiteaux d'or; son pro-naos, aux murs cyclopéens; son sanctuaire, où des poutres également de granit, mesuraient sept mètres de volée. J'essayais de faire revivre, à vos yeux, le cadre où se dressa cet admirable temple; les merveilles de la voie triomphale qui y menait; le panorama des nécropoles, étagées à proximité, au penchant des blondes falaises, qui s'étendent en hémicycle, autour de la cité commémorative de la mort d'Antinoüs. Tout cela, les renseignements que venait de me fournir l'exploration m'autorisaient à le reconstituer rigoureusement; des sondages, forés de tous côtés, m'avaient révélé l'existence propre de chacun des quartiers de la ville. Et celle-ci venait de m'apparaître comme une autre Pompéi. L'exhumation de quelques morts m'avait même permis d'animer un peu ce tableau, de tenter d'y remettre en scène quelques-unes de ces personnalités, qui nous sont si prodigieusement rendues, après dix-sept siècles de vie tombale. Mais, un point restait obscur, qui, de tous, passionnera toujours le plus notre curiosité ; les complexités de la civilisation de décadence, qui après tant d'années, avaient laissé sur ces visages une aussi indélébile empreinte d'inquiétude et d'irrémédiable désenchantement.

J'emploie ce mot de désenchantement à dessein, bien qu'il peigne mal ce que je voudrais rendre. Mais l'Egyptien de l'époque pharaonique avait une phrase naïve, pour exprimer qu'il savait être heureux. Il disait : « enchanter son cœur », et l'habitant d'Antinoë semble ne l'avoir pas su.

Cinq hivers, depuis lors, je suis retourné reprendre les travaux ; et ce que j'ai fait, je vous l'ai dit, année après année. La trouvaille la plus importante, qui ait précisé l'un des côtés de cette civilisation, a été celle des tombes de Sérapion et de Thaïs. Eux, du moins, avaient connu cet enchantement; les symboles de paix qui les entourent sont là, qui nous le prouvent. Je vous en ai longuement parlé l'année dernière, je n'y ferai donc allusion, aujourd'hui, qu'afin de constater que, précisément, la diffusion du christianisme avait eu pour effet de rendre à l'Egypte ce qu'un barde de l'époque antique appelait encore « l'âme de son cœur ».

Cette année, la mise à jour de la sépulture d'une femme grecque va nous permettre de préciser quelques détails de ces complexités, et nous rendre présente l'une des phases de cette décadence; et quelle phase ! La plus importante, la plus attachante de toutes ; celle des schismes et des hérésies orientales, qui, sous le règne d'Héliogabale, sapèrent le paganisme et précipitèrent la chute de l'empire romain.

Cette morte, les inscriptions de sa tombe nous ont conservé son nom. Elle s'appellait Leukyôné. Mais, avant de vous parler d'elle, il me faut vous expliquer l'esprit qui présida aux recherches qui aboutirent à la découverte de son tombeau.

L'an passé, je vous exprimais le regret de n'avoir pu, jusqu'alors, explorer la montagne antinoïte, et cela, pour cette raison, que les nécropoles de la plaine ne renferment nulle trace de cavaux patriciens, il était à supposer que les chevaliers romains et byzantins étaient allés

Sépultures de la vallée du Nord-Est.

reposer dans des hypogées, creusés en pleine roche vive, de même qu'autrefois, les grands seigneurs de la cour pharaonique. La nature de telles sépultures promettait une moisson de documents, restés, jusqu'ici, ignorés.

L'entreprise était ardue, téméraire même, en raison de la nature

Le grand cirque de la vallée du Nord-Est.

des travaux nécessaires à la vérification d'une telle hypothèse. Aucune trace, aucun indice, aucun renseignement fourni par les auteurs anciens. Aucun point de repère, dans l'immensité des vallées brûlées de soleil et tapissées de sables mouvants, qui s'ouvrent aux environs de la ville. Il fallait enlever la couche de pierres éboulées qui recouvre le rocher, briser les blocs arrêtés sur les pentes et les faire glisser; et cela, sur une étendue d'une lieue au moins.

La topographie du pays rendait encore ces opérations particulièrement difficiles. Entre les remparts de la cité hadrienne et les premiers contreforts de la montagne, c'est une plaine de sable, à peine onduleuse, où les cimetières explorés ces années dernières se sont étendus. De loin en loin, des ravins se creusent; des criques ensablées s'ouvrent. Les premières croupes, assez molles, se prolongent en plateaux. Plusieurs vallées s'enfoncent entre elles, gagnant les bords de la mer Rouge. La plus au sud, l'Ouady Ghamous, bifurque à cinq cents mètres de son débouché, en trois défilés, escaladant les sommets. Quatre autres prennent naissance au nord, la plus proche du Nil, presque parallèle à la rive. Et, complétant le relief de ce massif rocheux, des cols rejoignent entre elles les vallées, dominés par des arrêtes et des pics.

Je ne m'arrêterai point à vous retracer la marche des travaux, cela relève d'un mémoire d'archéologie. Qu'il me suffise de vous dire, qu'après deux mois de recherches infructueuses, l'hypothèse était enfin vérifiée et le but proposé atteint.

Une déception m'était venue, pourtant, qui ne m'avait point découragé. Les premiers hypogées ouverts avaient été pillés aux temps anciens, probablement par les Perses de Khosroës. Enfin, de nouvelles investigations mettaient à jour quelques syringes, et les chapelles attenantes à celles-ci. C'était la tombe d'un centurion romain; celle d'un chevalier; celle d'une dame byzantine, ornée de peintures analogues aux fresques des catacombes; c'était enfin celle de Leukyóné.

De cette dernière sépulture, une personnalité renaissait, tant les nécropoles d'Antinoë jouissent de ce privilège, d'avoir conservé intégral le dépôt qu'elles ont reçu, tel qu'au jour où, par des mains pieuses, les dalles en furent à jamais scellées. Mais, cette fois, ce n'était plus seulement une résurrection individuelle; une morte, se relevant de sa couche funèbre, avec l'éclat factice de ses yeux d'or, aux prunelles vitrifiées, luisant étrangement dans l'ombre portée de ses sourcils minces; avec le rictus de ses lèvres sensuelles, découvrant

La falaise en amont de la ville, à laquelle était adossée le théâtre.

l'émail des dents; avec l'opulence de son corps, aux modelés pleins, resté jeune, après dix-sept cents ans. Non, toute une civilisation surgissait soudain du néant, où elle s'était abîmée, avec la disparition d'Héliogabale et du culte de la Pierre Noire. C'était l'évocation de cette fantastique période de décadence qui fut celle de l'orgie romaine, avec, en plus, les complexités des mystères de l'Orient.

Cette Leukyôné, au nom ovidien, l'incarnait, cette évocation, tant son visage aux traits classiques, conserve le pli du paganisme. La couronne de feuillage qui ceint ses lourds cheveux noirs s'est desséchée, sans se faner. N'était la présence des figurines religieuses, rangées sur des gradins, que domine un naos, on jurerait qu'elle

Leukyôné.

repose bien plus sur les coussins d'un lit de banquet, que sur ceux d'une couche funèbre. Et ces figurines elles-mêmes, avec leur joliesse mièvre, de statuettes tanagras, ont si peu l'apparence angoissante du sombre mystère, qu'elles excluent l'idée de mort, pour donner l'impression de la volupté.

C'est un panthéon d'amour, que celui formé par ces divinités laraires; et, rien que ce choix, dit le culte vrai de la défunte. Au sommet, c'est l'Isis-Vénus; et son fils l'Horus-Eros. Au second rang, c'est encore Isis, avec les attributs de Déméter, la « Dame du Pain » des hymnes égyptiennes et orphiques; puis, c'est l'Isis funéraire et l'Horus-Horkhouti, le soleil sur l'horizon, l'Eros qui va mourir.

Mais, si cet aréopage divin dit une foi païenne, dont l'orthodoxie

Laraire de la sépulture de Leukyôné.

s'est à peine altérée au contact de l'Egypte, les amulettes d'un collier, dont la morte était parée, témoignent d'une affiliation aux mystères pharaoniques. C'est un cynocéphale de bronze, personnification par excellence de la force procréatrice; les figurines du dieu Bès, dans son rôle de génie de rénovation. Dans le rituel égyptien, c'est lui, qui, toujours, préside aux naissances solaires; seul, ou assisté de son double féminin, Touéris, la déesse au corps d'hippopotame. C'est encore tout un groupe de symboles, pousses et fleurs de palmier et de lotus, qui accentue le sens du rite génésiaque, indiqué par le laraire olympien. L'œil mystique, qui conjure le mauvais sort; et le cœur, dont le rôle est de justifier son possesseur, lors de la comparution de celui-ci au tribunal d'Osiris.

D'autres parures donnent à ce laraire son sens définitif, avec, d'abord, l'initiation aux mystères d'Isis, prouvée par la présence de boucles de cornaline. Dans le dogme de l'Egypte, la boucle de cornaline est le « sang d'Isis qui lave le mort de ses péchés », lors de la pesée de l'âme, après que le cœur l'a justifiée. La forme de cette boucle diffère, à cette époque, il est vrai; mais, pour affecter celle d'un anneau, aux temps romains, son sens n'en demeure pas moins le même. Les symboles des cultes de la Pierre Noire, mis en honneur par Héliogabale, en même temps qu'ils datent cette sépulture, donnent aux religions qui y sont représentées leur véritable interprétation. Et, complétant le tout, des têtes d'Isis-Vénus encore, de délicieux tanagras, aux opulentes chevelures étagées, entremêlées de feuillages, firent partie, autrefois, d'un autre collier, où, serties à une monture métallique, elles s'unirent aux emblèmes de la Vie Une, dont les representations nous sont connues, par les peintures de Pompéï.

Avec l'ensemble de cette parure mortuaire, qui prolonge par delà la tombe, en une vie fictive, la civilisation de la décadence romaine, celle-ci soudain s'affirme. Les dernières lueurs de splendeur fugitive qui l'éclairèrent un instant se ravivent. Le spectre de la Rome des derniers Empereurs se lève du sépulcre, où il semblait endormi pour toujours. C'est la Rome absorbée par les mystères de l'Orient; la Rome sapée par les schismes et les hérésies; la Rome conquise par les cultes du Soleil, de la Pierre Noire et de la Vie Une; la Rome agonisante, en des déportements empruntés aux rites égyptiens. Empruntés? Non, car les dogmes pharaoniques s'appuyaient aux préceptes de la morale la plus pure. Seulement, l'Egypte ancienne avait eu la naïve candeur de l'Age d'Or, et les manifestations de l'existence cosmique s'étaient symbolisées pour elle en des images naturalistes, d'où toute intention perverse était exclue, et qui s'étaient hiératisées et transformées avec le temps.

Pour elle, le culte du soleil, le culte de Ra, n'était autre chose que

Grotte d'anachorète.

la manifestation de la puissance créatrice. Ra, souverain du jour, roi de la nuit, est « le Père des êtres, l'Auteur des choses ». Vaincu un soir, par Set, le dieu du mal et des ténèbres, il devient « Osiris dans l'Amenti ». Osiris dans la région du couchant, le soleil mort, qui, pour briller de nouveau, à l'aurore d'un autre matin, doit procréer un autre lui-même, dans le mystère du ciel infernal, où, au crépuscule, il a disparu. Ce nouveau soleil, se sera Horus, son fils, né de son union mystique à Isis, la mère, le principe féminin par excellence. Aussi, les mystères d'Isis étaient-ils restés les plus vénérés de tous, au temps des Empereurs. Ils résumaient en eux la religion du pays; le mythe solaire s'y fondait en une théogonie complexe, qui synthétisait en quelque sorte l'histoire fabuleuse de l'Egypte. Si grande fut sa renommée de mysticité que, spontanément, Rome s'y rallia. Isiaque? Chacun l'était : les légionnaires, qui avaient tenu garnison dans la province; les matelots, qui avaient touché aux ports de la côte; les philosophes qui étaient venus étudier à Alexandrie; les femmes, par caprice ou, si l'on en croit les satiriques, par entraînement vers la volupté. C'était l'asservissement de l'Occident à Isis, avant même la Pierre Noire et la Vie Une. A vrai dire, ces derniers schismes ne furent qu'une interprétation du rituel dégénéré d'Isis.

Il serait trop long de vous analyser ce rituel, dont tous les détails nous sont parvenus, avec les peintures des temples et les textes des hymnes. Pour vous expliquer la filière qui rattache le laraire de Leukyoné et ses parures à l'initiation isiaque, il me suffira de vous en signaler quelques particularités.

A la mort d'Osiris, tué par son frère Set, Isis avait enseveli son époux; et, de ce fait, était devenue la grande pleureuse, la protectrice des trépassés; la fin de la vie terrestre étant considérée comme le commencement de l'identification de l'existence humaine à celle du soleil, si bien que, chaque être se fondait alors en la personnalité divine, devenait un Osiris, et comme tel, allait reposer dans cette vallée de l'Occident, où s'était enfoncé le dieu, pour renaître avec lui, à l'aurore d'une autre vie. Une amulette était particulièrement attachée à cette croyance : cette boucle de cornaline, symbole du sang de la déesse, qui lavait le mort de ses péchés.

D'autre part, en tant que divinité procréatrice, Isis avait au nombre de ses prêtresses des *Kéhmates*, qu'à travers les obscurités des litanies on a cru reconnaître pour des courtisanes sacrées, mais des courtisanes sacrées fictives; les épouses du dieu en quelque sorte. Les bas-reliefs les représentent escortant l'icône sainte, vêtues de longues robes, les épaules couvertes d'un manteau, le cou entouré d'un collier, pourvu d'un fermoir à pendentif.

Dans les scènes du rituel, ce collier joue un rôle prépondérant. Les textes nous avertissent qu'il possède « l'influence magique ». Il la reçoit de la statue d'Isis, ou plus exactement de la déesse ; et la myste qui en est porteur, à son tour, la transmettra en des passes magiques dont tous les détails sont connus. La réception de l'influence a lieu au Saint des Saints du sanctuaire. La *Khémate* est debout devant la statue, le buste incliné en avant dans une attitude d'imploration, la main droite passée dans son collier, tendu vers la déesse, le bras gauche pendant le long du corps. La délégation de l'influence est plus obscure. Elle s'opère le plus souvent par impositions des mains à la face et à la nuque, genuflexions, présentation de symboles, qui expriment le mouvement du principe créateur, circulant à travers le monde, pour y maintenir l'équilibre vital. La forme de certains vases employés au cours de l'office, pour la consécration des offrandes, et désignés sous le nom de « Vases d'Or » explique comment des images, telles que celles en honneur sous Héliogabale, ont pu s'introduire dans le culte du soleil.

Avec la décadence romaine, on comprend sans peine, la tournure prise par ce mythe, qui, la licence des mœurs aidant, devait, forcément, tourner à l'orgie. Depuis la fondation d'Alexandrie, une Eleusis égyptienne s'était élevée dans la banlieue de la ville ptolémaïque, et l'Isis Déméter avait vu son culte prendre une tournure nouvelle, plus conforme au précepte isiaque, qu'en Grèce, il ne l'avait été jusque là.

Toutes les images primitives de la dogmatique ancienne ; tous les symboles hiératiques, de la foi en une religion génératrice, y avaient été incorporés, non point tels que les fidèles de la croyance pharaonique les avaient représentés, mais ramenés à des formes réalistes, cela n'avait rien d'extraordinaire alors, et à Rome, toute femme portait, en guise d'amulettes, ces figures à son collier.

Celui de Leukyôné en était un modèle parfait; les images géné-

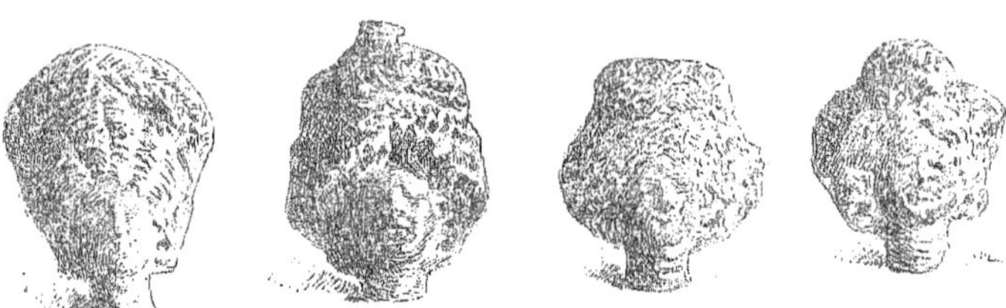

Figurines du collier de Leukyôné.

siques qui s'y sertissaient ont disparu; il ne reste que les têtes de l'Isis-Aphrodisiaque. Mais, un tel collier, avait, à n'en pas douter, un rôle religieux. La place occupée dans le laraire, par lui, le démontre. S'il n'avait été qu'une simple parure; s'il ne fallait voir en lui que la corruption de la décadence, il fut resté au cou de la morte, ou eut été simplement déposé auprès d'elle, puisque la monture a disparu. Mais ainsi jointes au laraire, ces têtes en participaient. L'ensemble du

Figurines du collier de Leukyôné.

panthéon représenté étant également isiaque, il est logique d'admettre que la morte était initiée. La présence des boucles de cornaline le confirme d'ailleurs.

De là à croire que son collier soit celui des mystes qui, dans le rituel Alexandrin, aurait tenu le rôle du collier des anciennes *Khémates*, il n'est aucune invraisemblance. L'hypothèse est d'autant plus admis-

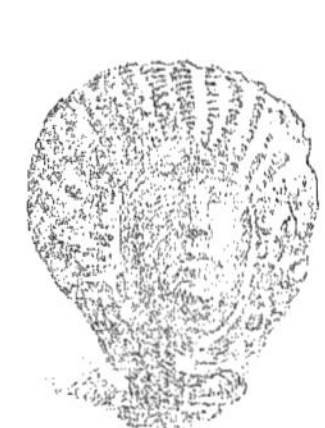

Figurines du collier de Leukyôné.

sible, que d'autres sépultures ont donné ces amulettes complètes, mais jamais de colliers entiers.

Plus importantes encore, dans cet ordre d'idées, sont les particularités dont je n'avais point voulu parler jusqu'ici, et qui, heureusement pour moi, n'ont été signalées par personne. Elles demandent d'assez longs développements, car le mythe auquel elles se rapportent est très

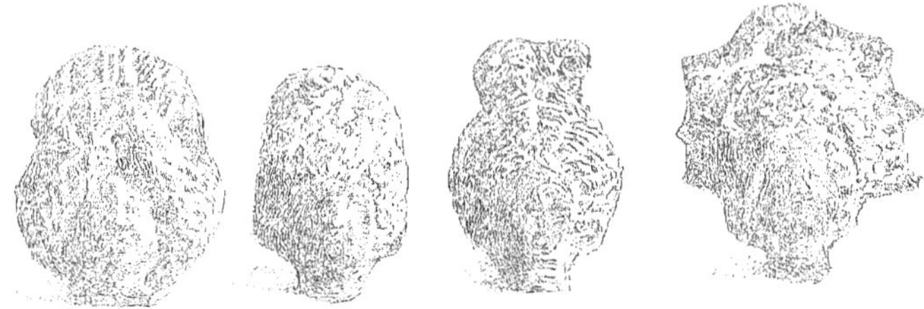

Figurines du collier de Leukyôné.

obscur. Ces particularités sont celles fournies par les coiffures des têtes de la Vésus-Isiaque. A première vue, ces coiffures semblent échafaudées comme autant de variantes de l'ajustement habituel de la blonde fille de l'Océan. Pourtant, il n'en est pas ainsi, et sous chacune de ces variantes, transperce la trace d'une préoccupation dogmatique. Pour l'établir clairement, il me faut vous rappeler, en quelques mots l'histoire du mythe osirien.

La légende sacrée racontait que, vers la fin du règne de Ra, sixième souverain de la lignée fabuleuse, ses deux fils, Osiris et Set, s'étaient disputé le trône de l'Egypte. Osiris, l'être bon, le principe de vie et de lumière, vaincu par Set, le dieu du mal, le principe de mort et d'ombre, avait été mis à mort par lui. La tradition de la Haute-Egypte ajoutait que le meurtrier avait dépécé le corps de son frère, qu'il avait semé ses membres dans la vallée du Nil. En Basse-Egypte, une autre version avait cours, qui montrait Set, jetant les membres du dieu bon au fleuve. Emportés par le courant, ils étaient venus aborder sur les rives du Delta, où s'étaient élevés les premiers sanctuaires, Mendès, Busiris, d'autres villes encore, qui se disputaient l'honneur de posséder des reliques divines ; d'avoir été, en quelque sorte, la patrie mortuaire d'Osiris.

Toutes ces versions, cependant, s'accordaient pour montrer Isis, l'épouse du dieu mort, parcourant les routes de la vallée ou descendant en barque le cours du fleuve, à la recherche du cadavre. La nouvelle du meurtre lui était arrivée à Coptos. Elle avait coupé une tresse de ses cheveux, en signe de deuil, avait accompli les rites funèbres, puis s'était mise en route. Le corps reconstitué, lambeau après lambeau, elle l'avait enseveli et pleuré. Dans la suite des temps, les sanctuaires, bâtis partout où la tradition plaçait la découverte de l'un des lambeaux, avaient retracé le douloureux mystère des funérailles d'Osiris, en un scénario, analogue à celui des Passions de notre Moyen Age. Une cérémonie, qui en formait, en quelque sorte, l'épilogue, symbolisait le renouvellement du dieu. C'était « la Fête des Jardins d'Osiris ». Ce jardin consistait en une cuve de pierre, auprès de laquelle était un bassin de granit. Dans la cuve, une image d'or du dieu était placée, à côté d'un coffret, renfermant la relique divine.

Le 20 *Choiak,* — date qui correspondait à la fin de l'année, — on semait des grains de blé dans la cuve, qu'on arrosait de l'eau du bassin. Le lendemain, avait lieu l'exhumation de « l'Osiris de l'an passé ». On entourait de plantes vertes, et l'on exposait au soleil la cuve ; puis, le nouvel Osiris était enfermé dans son cercueil.

Tel était le mystère célébré par l'Égypte des pharaons ; sa diffusion, en pays étrangers, s'était de bonne heure accomplie. En Phénicie, elle avait recruté, du jour au lendemain, des adhérents ; et bientôt, Byblos avait eu ses mystères, qui le disputèrent en splendeur à ceux de Mendès et de Busiris.

Pour rattacher la tradition sacrée d'Isis et d'Osiris à celle des dieux du pays, la légende de l'Égypte ne s'était pourtant que peu modifiée. Un seul point en était altéré. Selon les Phéniciens, la tête d'Osiris, emportée jusqu'à la mer, était venue attérir à Byblos ; et Isis avait dû quitter sa patrie céleste pour venir l'y chercher.

Les dieux phéniciens n'étaient point préparés pourtant à lui témoigner leur pitié. Leur liturgie nous les montre envieux et farouches. Les Baalims exigeaient, avant tout, l'holaucauste de sang humain et la mort du premier-né. Dans les calamités publiques, le roi et les nobles devaient même offrir tous leurs enfants en victimes. Les Astartés joignaient à leur impudicité la même cruauté. Elles aussi voulaient des victimes, et n'acceptaient pour prêtresses que des courtisanes. De toutes, la plus grande était celle de Byblos.

Au solstice du commencement de l'année, alors que, selon l'expression des textes, « l'été tue le printemps », des mystères étaient célébrés, qui revêtaient un caractère funèbre. La déesse avait aimé le maître des Baalims, Adonis, mais un rival jaloux, ayant pris l'aspect d'un sanglier monstrueux, lui avait tué son amant. Elle l'ensevelissait ; et la Phénicie tout entière s'associait au deuil de sa déesse. Sous des catafalques, dressés au sommet des montagnes, commençait la veillée des images du dieu, avant leur mise au tombeau. Partout, dans les forêts, sur les cimes, des femmes échevelées, demi-nues, le visage et la poitrine déchirés à coups d'ongle se lamentaient indéfiniment. La veillée terminée, on enterrait les statues, et l'on préparait les jardins d'Adonis, grands vases d'argile, où des rameaux verdoyants se desséchaient. Puis l'été passait. A l'automne, avait lieu la renaissance d'Adonis, et c'était la célébration d'un nouveau mystère. La joie éclatait partout, bruyante; les femmes coupaient une tresse de leurs cheveux en signe d'allégresse et s'abandonnaient au premier venu, comme la déesse était censé s'abandonner au dieu ressuscité.

Cette conception du mythe d'Astarté, que devait plus tard adopter la Grèce, explique combien aisément la religion isiaque peut s'acclimater dans le pays, en subissant, bien entendu, les modifications qu'entraînaient les instincts de la race. De ce culte nouveau, de l'Isis de Byblos, je ne retiendrai qu'un détail, touchant le voyage d'Isis, à la recherche de la tête d'Osiris. Les livres phéniciens nous affirment, sans en donner aucune explication, cette particularité, que la tête du dieu avait été recueillie dans une corbeille, tressée avec des cheveux de femme et remorquée à l'aide d'un câble, fait également de cheveux.

Or, le *Livre des Morts*, ce papyrus funèbre, que tout Égyptien emportait avec lui dans sa tombe, contient précisément une mention de cérémonies accomplies, qui conservent le souvenir de ces rites. C'est l'une des invocations adressées au mort; la voici : « Ta tête, ô mon maître, est dans la corbeille de cheveux naviguant par la chevelure d'une femme d'Asie. » Plus encore, le chapitre relatif à la barque infernale, parle d'un câble de cheveux. C'est « la tresse au poteau d'abordage ». Cette tresse ne pouvait être faite que de cheveux de femmes, car les Égyptiens avaient la tête soigneusement rasée, tandis que les femmes veuves sacrifiaient l'une de leurs tresses, coutume à laquelle s'était conformée Isis. Enfin, les auteurs nous rapportent encore que la déesse, à son arrivée en Phénicie, se fit bien venir à la cour du roi de Byblos, Méléandre, en donnant à la chevelure de ses esclaves « l'odeur divine » dont parle *le Conte des deux Frères*. Et cette importance, accordée sans motif à la chevelure des femmes, sous-entend, certainement, un sens caché.

Tout cela doit vous sembler bien loin du sujet de cet entretien. Le préambule a été long, maintenant, enfin, j'y arrive. Les têtes composant le collier de Leukyôné sont, vous ai-je dit, des têtes

Le Couvent de la montagne voisine de la Nécropole.

isiaques, aux coiffures étagées et entremêlées de feuillages. Mais, presque toutes, présentent une même particularité. Une natte de cheveux part de la nuque, pour se fixer au sommet de la tête. L'une de ces tresses a conservé des traces de couleur qui tranche avec celle de la masse des cheveux. J'ai compulsé quantité de documents, examiné quantité de têtes semblables, trouvées à Naucratis, et conservées aujourd'hui au musée d'Alexandrie ; la disposition est la même. Cette tresse joue donc un rôle mythique, et symbolise la navigation de la tête d'Osiris.

Mais, ceci n'est qu'un détail. Le point principal est de constater l'exactitude des renseignements que nous donnent les textes sur le rôle religieux des cheveux dans le mythe isiaque, et par contre-coup, de pouvoir identifier les figures du collier de Leukyôné à des têtes d'Isis-Vénus. La filière est prouvée jusqu'à l'évidence, par l'assimilation de la déesse à Astarté, et d'Astarté à Vénus. Et pour que rien ne soit laissé au hasard, les rites du jardin d'Osiris, puis de celui d'Adonis, nous expliquent cet autre rôle, non moins important, joué par les guirlandes de feuillage. Dans le rite antique, nous venons de voir qu'elles symbolisent la résurrection des deux dieux. Sur le front de l'Isis-Vénus, elles annoncent l'union de la déesse à Osiris-Adonis ressuscité, le retour de l'amant divin à la vie. Faut-il voir, en d'autres coiffures, tressées en forme de corbeilles, sur lesquelles un disque se pose, le ressouvenir de la corbeille servant au remorquage de la tête d'Osiris, et par assimilation de l'osirien? Bien qu'aucune preuve ne l'établisse, l'hypothèse semble en tout cas vérifiée par quantité d'exemples que nous fournissent les ruines des villes gréco-égyptiennes. De plus, la natte de la nuque vient s'attacher à cette sorte de barque, ainsi que le montre l'un des spécimens fournis par le collier de Leukyôné. Que d'autres têtes, au contraire, reproduisent scrupuleusement la coiffure de la Vénus grecque, n'importe. L'essentiel est de retrouver en les figures du collier de Leukyôné le type primordial de l'Astarté de Byblos, devenu la Vénus olympienne ; d'y démêler l'assimilation de la déesse de volupté à l'Isis égyptienne, et de pouvoir reconnaître ainsi, en ces figures, l'interprétation de l'un des rites isiaques les plus mystérieux.

Ainsi expliqué, ce collier de Leukyôné revêt un symbolisme évident, qui le rattache à celui de l'antiquité, par des liens indissolubles. Que la *Khémate* soit étrangère ; que sa religion soit entachée d'idolâtrie hellénique ; n'importe encore, puisqu'elle n'était qu'initiée aux mystes d'Isis et d'Osiris.

Ne fut-ce qu'à ce point de vue seulement, la découverte dè sa sépulture aura fait faire un pas dans la voie de la révélation ; elle nous aura initiés, à notre tour, à une partie d'un secret, comme jadis seulement des mystes ; elle nous aura précisé un symbole ; et quel symbole ! Celui de la tête d'Osiris, l'être bon, l'être d'intelligence remorquée par la tresse des cheveux d'Astarté. Rançon du spiritualisme, prélevée par l'impudique déesse, qui ne voulait pour prêtresses que des courtisanes ? Gage de la part prise par elle au deuil d'Isis, alors qu'elle-même pleurait Adonis ? Mystère ! Les textes égyptiens ne nous donnent que la phrase : « C'est la tresse d'abordage au poteau de la terre du mort. » Ah ! la troublante et mystique phrase, que celle donnée par cet obscur passage ! La troublante et mystique énigme que cette prière, où le mort est, en ces termes, conjuré par les pleureuses : « Ta tête, ô mon maître, est dans la corbeille, remorquée par une tresse de cheveux de femme ! » Faut-il croire que l'amante d'Adonis, touchée, elle aussi, par la grâce, ait, antique Madeleine, essuyé de ses cheveux la face meurtrie du dieu bon ? La tradition de Byblos nous répond non ; elle nous montre, au contraire, la fête d'Adonis comme l'une des plus fantastiques orgies qu'ait imaginées une croyance. Le deuil d'Isis ne fit point fléchir sa dureté. Sous la parabole égyptienne, on devine, à travers la réserve voulue, dont s'entourèrent toujours les phases sombres du drame sacré, un rappel à des souvenirs pénibles, à des idées de voyage, vers un pays de ténèbres ; d'abordage à quelque colonie lointaine du royaume de Set ! Oui, la troublante et mystique image ; et quel symbole, de l'éternel esclavage de la pensée humaine, que ce chapitre du remorquage de la tête que nous a légué le *Livre des Morts*.

De ce rapide aperçu des origines du culte du soleil, et du rite isiaque aphrodisiaque, promulgué par Héliogabale, je ne retiendrai que cette phase étrange de civilisation, en laquelle l'un et l'autre s'incarnèrent, pour soumettre, un instant, jusqu'à la capitale de l'Empire à leur puissance. Leur berceau commun avait été cette mystérieuse Antinoë, fondée par Hadrien, en commémoration de la mort de son favori déifié, l'Osiris-Antinoüs, qui, assimilé au dieu des morts, se trouvait, du même coup, assimilé aussi à l'époux d'Isis-Astarté. Les représentations des mystères isiaques le mettaient donc directement en scène. Sa personnalité s'y substituait à celle du dieu.

Lors du voyage qu'il fit en Egypte, vers le commencement de son règne, Héliogabale semble avoir été fortement impressionné par elle, et le soin qu'il prit de transporter à Rome, puis d'ériger au théâtre de Marcellus l'obélisque élevé par Hadrien, prouve la fascination exercée sur lui par le culte antinoïte. La religion du pays l'en faisait d'ailleurs le grand pontife. C'était le pharaon de l'Egypte, le fils du Soleil, le fils de Ra.

Le principe du culte transporté à Rome, on devine la suprématie qu'une telle faveur, donnait à Antinoë, sur tout le reste de l'Egypte. Les grandes villes d'autrefois, Memphis, Abydos, Thèbes, Bubaste, Mendès avaient disparu, Alexandrie exerçait l'hégémonie du Delta ; ville grecque par excellence, elle était, en quelque sorte, la capitale des colonies helléniques échelonnées sur la côte. Elle n'avait ni le prestige, ni le renom qui entouraient la cité d'Hadrien. Aux yeux de chacun, celle-ci était une sorte de ville sainte. Les pèlerins de l'Egypte entière s'y rendaient vers le tombeau de l'Osiris-Antinoüs, à l'anniversaire de sa mort.

Aussi, l'efflorescence de civilisation qui s'y manifestait, plus tempérée que partout ailleurs de traditions anciennes, atteignait à l'apogée de décadence, qui emportait l'Empire vers sa chute. Les fêtes mentionnées dans les textes de l'obélisque du théâtre de Marcellus, « pour les braves de l'Egypte, pour les athlètes, pour les coureurs, pour les bateliers, avec des couronnes de fleurs sur leurs têtes, » surpassaient celles de Rome, par leur éclat. Celles d'Isis et d'Osiris égalaient celles qui, autrefois, à Abydos et à Busiris avaient eu lieu, avec, en plus, le ressouvenir de mysticisme charnel, que leur imprimait la tradition du bel éphèbe. En elles, les tendances opposées de deux races s'amalgamaient et se fondaient.

Je n'insisterai que sur ce que nous apprend Leukyôné. Elle fut isiaque, initiée aux mystères, cela ne fait pas l'ombre d'un doute. Elle se rallia à la Pierre Noire, dont l'image figure parmi ses amulettes. Il est permis enfin de la supposer assistante aux mystères *Khémate* grecque, et de revoir en son collier, le collier ancien. En tous les cas, avec cette figure étrange, fantastiquement ressuscitée, après dix-sept

Sépulture de Leukyôné.

siècles de vie tombale, le fantôme du paganisme expirant se lève, précis, intense. Ce visage, où pas une ligne n'a bougé, respire encore la sensualité. Les fleurs qui couronnent ce front, ne se sont point flétries. Les pétales en sont tombées, ainsi qu'en un rite symbolique, mais la guirlande demeure telle qu'elle fut autrefois.

Maintenant, dans la vitrine où elle dort, une autre morte est à ses côtés étendue, une chrétienne anonyme, et rien n'est frappant, comme cette opposition de deux femmes, de même race; l'une, la païenne, restée charnelle par delà la tombe, avec les modelés souples de son corps, qu'on dirait, après tant de siècles, frissonner encore de volupté. L'autre, la chrétienne, émaciée, désincarnée par les mortifications de

la pénitence; pieuse et chaste, bien que sa tête soit couronnée de brin-.
dilles d'olivier ; bien que ses longs cheveux blonds, tombant jusqu'aux
pieds, ainsi que ceux d'une autre Madeleine, soient tressés de feuillages ; bien que sa riche toilette dise une coquetterie de l'au-delà. Les
paons et les colombes du coussin où elle s'appuie, semblent brodés
pour des lits de festins, plus que pour une couche funèbre. A côté
d'une tablette, où s'esquisse une abside d'église, et qui, à n'en pas
douter, fut la figuration d'une chapelle, devant laquelle elle récita ses
prières, une boucle d'or, finement ciselée, dit une recherche de la
parure, une prédilection pour les bijoux. Et cependant, malgré cela,
l'épitaphe qu'on s'attendrait à trouver aux pieds de la première de ces
deux femmes, serait celle de la courtisane.

« Sous les feuilles noires des lauriers, et sous les fleurs amoureuses des roses, c'est ici que je suis couchée, moi qui sus faire fleurir
le baiser.

« Ne me pleure pas, toi qui t'arrêtes; on m'a fait de belles funérailles, et l'on a déposé dans ma tombe mes amulettes et mes
colliers.

« Et maintenant, sur les pâles prairies d'asphodèles, je me pro-
mène, ombre impalpable; et le souvenir de ma vie terrestre est le
charme de ma vie souterraine. »

Tandis qu'aux pieds de la seconde, serait seulement la phrase
anonyme des catacombes :

Bonæ animæ in pace.

Ce temple d'Isis, dont je vous parlais, il y a cinq ans, et qui n'appa-
raissait alors que comme le cadre de somptueuses panégyries, s'anime
tout à coup, pour nous livrer le secret de ses mystères. Ce n'est plus
le sanctuaire écroulé, qui n'a d'autre intérêt que de nous apprendre
les proportions des ordres employés à sa construction. Une vie
nouvelle y palpite. Les actes des drames sacrés qui y furent repré-

sentés, de nouveau, devant nous, se déroulent. Nous y assistons; nous pouvons les suivre, scène après scène; et la personnalité des acteurs nous dit les passions, les agitations de leur vie; les troubles de la période qu'ils traversèrent; les complexités de leurs croyances. Elle nous explique, enfin, cette lassitude, et ce désenchantement dont la mort a scellé l'empreinte sur leurs traits.

Le passé ressuscite; et sur le champ de la vision, la ville renaît de

Entrée d'un caveau voûté.

son linceul de décombres. Dans ce temple, dégagé, nous voyons se dérouler l'initiation au mystère; les *Khémates* s'avancer en longues files vers le sanctuaire, au son strident des sistres et des tambourins. Elles procèdent, devant l'icône sainte, aux passes magiques d'autrefois; mais ce rituel, imposé par la tradition, n'est plus pour elles qu'une formalité surannée, répétée, parce qu'il en a été ainsi de tout temps. D'autres cérémonies s'accomplissent dans les cryptes, qui maintenant figurent les contours du mystère céleste des anciens sanctuaires.

C'est là, que les rituels secrets de la Pierre Noire et de la Vie-Une reçoivent leur véritable interprétation.

Je ne me hasarderai point à vous en parler. D'ailleurs, les représentations symboliques indiquent trop leur sens pour qu'il soit nécessaire d'en dire davantage. Ce n'est point un exposé de dogmatique comparée que j'ai l'intention de vous faire; mon seul but est de reconstituer, pour vous, l'une de ces figures étranges, en qui se synthétisa la décadence, et en cela j'espère avoir, sinon réussi, du moins être parvenu à vous expliquer les liens qui rattachent les schismes d'Héliogabale au passé.

Une question plus délicate se trouvait soulevée par ce problème, celle de l'importance exceptionnelle acquise par Antinoë, au cours de l'évolution qui décida du sort de la civilisation hellénique. Les faits suffisent à démontrer que l'hérédité de l'Egypte, en absorbant la personnalité d'Antinoüs, dans le cycle des divinités pharaoniques; en faisant d'elle une nouvelle manifestation du principe de renaissance; en l'identifiant à cet Osiris, qui, tant de siècles, avait été l'incarnation du soleil dans la région funèbre, décidèrent de ce retour si particulier, aux formes du culte solaire, mis en honneur par Héliogabale, au lendemain de son voyage en Orient.

Le fait était intéressant à constater; il ne constitue toutefois qu'une étape, sur la route parcourue par l'hellénisme, dans la course qui l'emportait vers une rénovation, en un dogme spiritualiste. La désagrégation de l'empire, à la mort d'Héliogabale, les luttes qui troublèrent le pays sous son règne, allaient aboutir, à brève échéance, à la persécution dioclétienne; et de nouveau, cette Antinoë devait être le théâtre d'une métamorphose, les journalières tueries, d'où le christianisme allait sortir triomphant. Redevenue capitale de la Thébaïde, par la disparition de Thèbes; rasée plusieurs fois, au cours des révoltes, c'était là que jugeait Arien, l'implacable ennemi des adeptes du nouveau Dieu-Bon. Le sang coula alors à flots dans cette cité, qui venait

d'être, de longues années, un cadre à de perpétuelles fêtes. Et, de la
rouge rosée, plus fertilisante que le limon du Nil, une efflorescence
idéaliste, instantanément éclose, couvrait bientôt tout le pays. Aux
alentours de la ville fabuleuse, qui avaient vu se dérouler les processions et les sacrifices profanes ; dans ces vallées désolées, qui
l'environnaient de toutes parts, les anachorètes venaient chercher un
asile de silence à leurs méditations contemplatives. Au fond des vieilles

Un caveau voûté.

tombes égyptiennes, profanées par les chercheurs de trésors, qui,
profitant des troubles, avaient dévasté la nécropole, les néophytes se
retiraient, moins pour échapper à la mort, que par horreur d'un monde
pervers. Et là, à l'abri de ces murs, où les peintures pâlies, comme
spiritualisées, d'autrefois, retraçaient la vie du mort, la course de
l'Osirien dans l'Amenti, éclairé par le soleil nocturne, leurs prières
montaient vers le dieu nouveau, que leur imagination, pétrie par des
siècles d'atavisme, se représentait comme une personnification nouvelle d'Osiris. Naïvement, sur ces murs, où les tableaux magiques
retraçaient pour l'Eternité les scènes de l'existence de l'au-delà, ils figu-

raient, en dessins maladroits, les images de leur jeune croyance. Et c'était, ces images, les formes qui avaient servi à leurs ancêtres à écrire le nom mystique du fils de Ra; le lièvre, donnant le titre sous lequel Osiris était vénéré dans l'Occident, *Oun-Nefer*, l'Être-Bon.

Ainsi, par un de ces retours périodiques; un de ces recommencements, qui avaient été le fond de toute la théosophie égyptienne, Antinoë se trouvait être la terre d'élection, où se réincarnait son dieu antique. Antinoüs n'avait été qu'une personnalité secondaire: l'un des *Devenirs* de l'Osiris mort, avant de réapparaître, au matin d'une nouvelle foi.

Dans cette transformation, la figure de Leukyôné se détache comme le symbole de ce que les textes appellent le domaine de Khéper — l'état embryonnaire; et c'est surtout à ce point de vue, qu'elle est curieuse à préciser.

LA SÉPULTURE DE MYRITHIS

Conférence du 15 Novembre 1903

MESDAMES ET MESSIEURS,

J'ai essayé d'évoquer pour vous, l'an passé, l'une des figures les
plus caractéristiques de la décadence romaine, cette Leukyôné, aux
yeux d'or, en qui s'incarnait, avec des hallucinations de vertige, les
schismes de l'initiation isiaque, des cultes de la Pierre Noire et de la
Vie-Une, avant-coureurs de l'orgie et de l'horreur des persécutions,
d'où le Christianisme allait sortir triomphant, pour régner sur le
monde. J'ai tenté de vous esquisser le tableau de cette période si
extraordinairement complexe; d'analyser les affinités de races, diamé-
tralement opposées, qui s'y fondaient en une civilisation composite :
de délimiter la part que chacun des peuples, assujettis par Rome, pouvait y revendiquer. A cet examen, la preuve se faisait, qu'aux mystères
égyptiens, chaque système était venu, successivement, prendre sa
source; qu'une fois de plus, l'indestructible religion de Ra avait
absorbé les générations nouvelles; que le dogme qu'avaient enseigné
les collèges Thébains, après les Memphites, avait, une fois de plus,
fait de la foi des pharaons le principe de toute vie, toute durée, toute
puissance, ainsi que s'expriment les textes. Et, dans ce cycle d'éter-

nelles renaissances et d'éternels recommencements, Antinoë était apparu, comme le centre autour duquel avaient gravité les conceptions théosophiques, avec l'assimilation d'Antinoüs à Osiris.

Ces conceptions, je vous en ai parlé longuement. Je vous ai expliqué comment les préceptes du rituel antique avaient pu se plier à l'introduction du favori d'Hadrien dans le panthéon pharaonique ; comment sa personnalité avait pu s'y confondre avec celle du dieu, dans la région funèbre, cet Osiris de l'Occident, le soleil mort, qui, pour briller à l'aurore d'un autre matin, devait renaître dans le mystère de l'au-delà, en la personne de son fils Horus, né de son union à Isis ; et comment, de ce fait, l'initiation isiaque se trouvait intimement liée au culte antinoïte. Puis, comment le rite de l'Isis aphrodisiaque était venu se greffer sur ce mythe déjà altéré ; la tradition du voyage de la déesse en Phénicie, alors qu'à la recherche des lambeaux épars du corps de son époux, dispersés par son meurtrier, elle avait dû aller à Byblos, recueillir sa tête, emportée par le courant du Nil, jusqu'à la mer, puis, par les vagues, jusqu'à la côte phénicienne. Par quels liens enfin, le culte d'Isis s'était rattaché là à celui d'Astarté, et quelle filière l'un et l'autre avaient parcourue, pour aboutir en Grèce à celui de Vénus.

La descendance était longue à établir ; mais, du moins, la preuve, une fois faite, demeurait indiscutable. Les causes éclataient aux yeux, qui avaient entraîné l'Hellade et Rome, vers° le mythe solaire ; Osiris, Antinoüs, Isis et Astarté.

Oui, tout cela était indubitable, mais bien abstrait pour un auditoire de dillettantes, captivé, avant tout, par l'extériorité d'une civilisation ; par son faste et ses raffinements d'élégance. Oui, tout cela était vrai, sans doute ; mais, il ne faut pas oublier, qu'à cette époque, l'empire se trouvait peuplé de philosophes et de rhéteurs. L'engoûment pour les systèmes théosophiques et théogoniques s'était infiltré partout, dans les classes cultivées de la population, et, principalement, parmi les

femmes lettrées. Aussi, une Leukyôné initiée; une Leukyôné hérétique;
une Leukyôné sensuelle et philosophe; une Leukyôné restée jeune et
belle, après tant et tant de siècles de vie tombale, semblait s'être levée,
tout exprès de son sépulcre, pour nous raconter les convulsions de
cette décadence dont elle avait été témoin.

Oui encore, mais tout cela ne nous rendait que l'un des côtés de

La fosse d'une sépulture.

cette civilisation; nous ne pénétrions, guidés par cet énigmatique
fantôme, que dans le monde des patriciens; dans l'arène où les
sophistes se livraient combat, entraînant tour à tour les convives alan-
guis des festins à leur suite. Nous ne revivions ainsi que le côté appa-
rent de la décadence; le côté secret, pour employer l'expression chère
à l'Ecole d'Alexandrie, nous demeurait inconnu. A côté de ces lettrées,
de ces convives de banquets, qui se passionnaient pour un rhéteur
entre deux fêtes, un mouvement populaire, irrésistible se dessinait,

sourd d'abord, mais qui, bientôt, allait aboutir à des soulèvements terribles. Et, ce n'était ni aux subtilités des sophistes, ni aux adaptations plus ou moins habiles des dogmes anciens, aux aspirations inquiètes des derniers Romains, que cette évolution puisait sa force envahissante. Elle la devait, tout entière, à des pratiques secrètes de magie, qui formaient le fond de tous les nouveaux mystères ; à la survivance de superstitions latentes, entretenues par les sorcières, dont le nombre devenait de plus en plus considérable, à mesure qu'approchait l'agonie et que les traditions saintes se désagrégeaient.

Dans l'Empire croulant, seul le rôle de la magie avait grandi, et les incantations où les philtres occupaient la première place. Au temps d'Auguste, Horace avait pu railler et maudire Sagane et Canidie ; il eut été mal venu de le faire, à celui des Antonins. Chacun, les épicuriens incrédules les tout premiers, se sentait pris de crainte, rien qu'à l'idée d'un sortilège. Les formules occultes de tous les pays connus rencontraient une égale créance. Elles s'infiltraient insensiblement dans tous les dogmes religieux.

De toutes ces formules, celles de l'Egypte occupaient cependant encore le premier rang, pour cette raison que le rituel des dieux pharaoniques avait autrefois participé directement de l'occultisme. Une révélation y semble même initier les premiers pontifes au mystère, ils sont détenteurs des secrets de l'Invisible, que notre science moderne a tant de peine à dégager. La personnalité psychique, — l'astral qu'ils nomment le *Kha*, le *Double*, — leur est tellement connue, qu'ils entrent en communication avec elle. Ils affirment que l'être humain n'est qu'un support, qui reçoit d'elle l'influence. Dans les tableaux, cette personnalité est figurée derrière l'individu. Elle procède à des passes qui mettent à sa nuque « toute force, toute puissance, toute vie. L'influence magique, — c'est le mot des textes, — est tout entière derrière lui ». Seul, l'acte lui est dévolu.

Une sépulture retrouvée l'hiver dernier, dans la nécropole

d'Antinoë, va nous les préciser, ces pratiques dégénérées, où perce, cependant, la tradition des mythes antiques. Mais, avant de vous en parler, il me faut vous expliquer sa position dans le cimetière; et la façon dont elle était établie; car, cette dernière question est de nature à fournir quelques indices sur la personnalité qui était venue reposer là.

Dans la plaine de désert qui s'étend aux pieds des montagnes

Le sépulcre ouvert.

d'Antinoë, et s'élève insensiblement vers les premières croupes, un quartier de cimetière gréco-romain, épuisé depuis quelques années déjà, venait s'appuyer au débouché d'une gorge sauvage, où divers sondages m'avaient démontré l'existence de sépultures très espacées en raison de la configuration du sol. Dans ce coin de solitude, ce n'est plus le sable, mais ce n'est pas encore la roche. C'est le caillou aggloméré; là ne formant qu'une couche épaisse d'un mètre à un mètre et demi en moyenne, recouvrant la pierre vive; plus loin, donnant des profondeurs de trois à quatre mètres et même plus. Dans ce dernier cas, des tombeaux y ont été creusés, composés d'une ou deux chambres de proportions médiocres, aux murs de briques crues, portant des voûtes aujourd'hui écroulées. Les corps y reposent, sur une sorte d'estrade, entourés de vases d'offrandes; alignés le plus souvent en nombre considérable, mais presque tous brisés maintenant.

C'est de l'une de ces tombes qu'est sortie, fantastiquement ressus-

Caveau voûté.

citée, l'une des mortes qui nous font revivre, un à un, les lambeaux de la civilisation gréco-byzantine, qui s'épanouissait de leur temps, dans la cité Hadrienne. Son nom, Myrithis, se trouvait, selon la coutume, écrit à l'encre rouge, sur l'enduit de plâtre, parant la niche, située au mur est du caveau. Cette proximité du quartier gréco-byzantin, réservée aux sépultures helléniques, était déjà le gage que les tombes de cette vallée étaient, elles aussi, celles de païens, bien que, dans les caveaux qu'il m'avait été donné d'ouvrir précédemment, je n'ai rencontré nulle trace de laraire. Mais, la sépulture de Leukyôné s'était abritée un peu plus loin, sur un escarpement dominant le fond du ravin. Toutes les présomptions concordent donc pour classer cette région, comme une nécropole hellénique. L'aspect du caveau de Myrithis, ses murs, bien appareillés, le confirmaient d'ailleurs.

Tout au fond de cette syringe, à la place où repose habituelle-

Myrithis.

ment le corps, c'était une jonchée de feuillages de *persea*, si épaisse, que, malgré l'écroulement des voûtes et l'invasion des sables, aucune forme ne transperçait sous sa masse. Enlevée par brassées, une vision surgissait, point funèbre, presque gracieuse; une vision de jeune femme blonde, aux traits menus, comme tourmentés encore d'une vague inquiétude; au corps gracile, qu'on dirait celui d'une toute jeune fille, vêtue d'une robe jaune, rosée en une de ces teintes tendres, que connut le xviii᷎ siècle, sous le nom de « soupirs étouffés », et d'un

mantelet de pourpre au large bourrelet, mettant, autour du visage, un
rayonnement d'auréole tanagra ; aux mains fines, dont les ongles ont
gardé leur incarnat ; aux pieds cambrés, distendus, comme en un
étirement de lassitude ; à la lourde chevelure, partagée en épaisses
boucles, coupées droit, à leur retombée sur le front. Et, malgré cela,
cependant, l'apparition de cette lointaine aïeule d'Ophélia, la tête parée
d'étranges brindilles, sa robe, comme teintée des crépuscules de
l'au-delà, constellée - de feuilles sombres, semblait conserver, dans
l'irradiation de lumière triomphante de l'instant où elle se relevait de
sa couche funèbre, quelque chose de mystérieux et d'inquiétant.

Puis, des plis de sa robe et de son mantelet sortaient, tour à tour,
des objets, qu'on eût pu croire réservés aux coquetteries de quelque
parure de fête. C'était un miroir à verre convexe étamé, s'enchâssant à
un minuscule tambour d'ivoire, percé, à son pourtour, de petits trous,
obturés par des chevilles et montés par un long manche d'ivoire, teint
et gravé. C'était ensuite un anneau, d'ivoire encore, du diamètre d'un
bracelet, circulaire à l'extérieur, mais à l'intérieur duquel on a,
intentionnellement, évidé une large ellipse ; des flacons de verre
sombre, renfermant une poudre, qui, après tant d'années, conservait un extraordinaire éclat ; un tambourin en peau de gazelle, de forme
égyptienne ; un sachet de cuir, enfermant un parchemin, couvert de
signes cabalistiques ; des figures du chacal d'Anubis, modelées en terre
fine ; une statuette de bois de cèdre représentant le dieu le plus vénéré
des Grecs, Hermès ; une tête isiaque semblable à celles qui compo-
saient le collier de Leukyôné l'année dernière. Puis enfin, des objets
funéraires ; des lampes où s'estampent des amours joufflus, qu'on
jurerait modelés par Clodion ; une lampe à sept mèches, beaucoup plus
simple, mais dont les becs noircis conservent quelque chose de particulièrement funèbre ; des coupes de verre, qui gardent, elles aussi,
dans le galbe de leurs contours, ce quelque chose inexplicable, émané
des surfaces glauques, qui provoque un trouble inconscient. Et, sur le

sol enfin, des pétales de roses ; des graines de thapsia et des tiges de marjolaine, se trouvaient disposés, comme autant de coussins parfumés.

Rien, de tout cela, ne donnait corps à la personnalité de la morte ; rien surtout n'indiquait les pratiques de l'occultisme ; et pourtant, l'impression se faisait irrésistible, que ce doux fantôme, ces objets élégants, s'étaient trouvés associés à des pratiques mystérieuses ; qu'aux mains de cette enfant, au mince visage, ce miroir avait servi à des cérémonies défendues, et avait été mêlé à des événements tra-

Sépulture de Myrithis.

giques, dont sa glace, à l'étamage usé, avait conservé comme un hallucinant reflet.

L'étude de chacune des pièces retrouvées ne fit que me confirmer dans cette impression ; et en chacune d'elles, je finis par retrouver l'indice d'une application magique. Mais, maintenant que la nomenclature de ce « mobilier funéraire » est faite, l'exposé de quelques-unes des doctrines de l'occultisme égyptien est indispensable, à la compréhension de la manière dont les principes de la magie égyptienne s'imposèrent aux Grecs, et aboutirent à des scènes de sorcelleries telles que celles auxquelles le miroir de Myrithis se trouva associé.

Je vous ai dit, tout à l'heure, l'idée que se faisait l'Egyptien de sa personnalité ; qu'il ne reconnaissait en l'être humain qu'un support,

auquel seul l'acte était dévolu, et que gouvernait l'essence psychique.
Deux autres éléments se trouvaient unis en cet être ainsi défini : l'âme
et le souffle vital.

A la mort, ces éléments se séparaient, mais, de tous, le corps seul
cessait de vivre. L'âme, le *Ba*, que les peintures représentent sous la
forme d'une hirondelle à tête humaine, partait vers les régions bien
heureuses d'où elle pouvait, à son gré, revenir vers le support
embaumé : le *Khou*, la flamme émanée du soleil, retournait à son
foyer. C'était le seul élément séparé pour toujours de l'être. Le *Kha*,
le *Double*, enfin, quittait la région mystérieuse du ciel, qui lui servait
de résidence; le royaume de la déesse Hathor, — l'étoile polaire, —
pour venir habiter le tombeau, creusé dans la montagne, et s'unir de
nouveau à son support, pour lui infuser une existence nouvelle, celle
du défunt dans l'Amenti, cette montagne de la région d'Occident, où
Osiris s'était enfoncé.

Tous les détails de l'existence de cette personnalité psychique, les
textes et les tableaux nous les ont précisés, à ce point que rien n'est
laissé au doute. Par les peintures du temple d'Aménophis III, nous
savons qu'elle naissait, en même temps que l'individu. Elle s'envolait
aussitôt au royaume d'Hathor, d'où elle gouvernait le support, lui
imprimant à chaque instant l'influence magique. On la voit figurée
derrière lui, sous les traits d'un enfant, portant sur sa tête une bannière, soutenue par deux bras, se relevant à angle droit, vers le ciel.
Dans sa main droite, l'enfant tient le *Ankh*, la croix année, symbole de
la vie; dans sa main gauche, la baguette servant aux passes, qui
mettent le *Sa*, l'influence, à la nuque du support. Le plus souvent
même, l'enfant disparait; il ne reste que la bannière du *Kha*, appuyée
au sceptre de la toute puissance, auquel se rattachent deux bras
humains, tenant les attributs du pouvoir.

Les cérémonies des funérailles et du culte des morts nous
initient aux relations du double avec le support, se prolongeant indé-

finiment, grâce à un rituel magique. L'Égyptien savait déjà que, malgré la fin apparente de l'existence, la matière continue à vivre. Il ne s'agissait que de parvenir à conserver le cadavre, et de posséder le secret de le mettre en relations avec son double, pour lui assurer l'immortalité. Le problème fut résolu. On embeauma les cadavres ; on les conserva au fond des syringes.

Et cette indestructible Égypte put défier les siècles, avec une population indéfiniment accrue, chaque mort lui fournissant un nouvel habitant. « Tu es affermi pour l'éternité », disent les litanies. Et cette phrase, qu'on a considérée comme une métaphore, est accostée des bras du double, levés vers le ciel. Et ce geste, toujours d'après les litanies, « fait monter et descendre la flamme ». C'est-à-dire élève vers le ciel les atômes des existences dissoutes, et les ramène, animer une forme nouvelle, celle de l'être, dont ils s'étaient séparés !

Tête d'anachorète.

D'autres tableaux accentuent encore le principe de ce mythe, et lui donnent une signification cosmique. C'est aux murs des sanctuaires, où le pharaon officiait, qu'ils atteignent leur plein développement. Le roi, fils du soleil, était l'intermédiaire direct, entre son père et l'homme. C'était le dispensateur des principes de vie ; par lui seul, le monde subsistait. Aussi, les fresques des portiques qui précèdent la maison divine nous montrent de longues files de personnages, figurant les provinces de l'Égypte, se dirigeant vers le sanctuaire, pour y déposer les offrandes de la contrée : animaux tués, corbeilles pleines de légumes, de fruits et de fleurs. A la salle des Offertoires, ces tributs s'amoncellent sur des tables; et, devant l'image d'Amon générateur, le souverain, suivi de son double, procède aux passes magiques, qui « élèvent vers son père les atômes des existences dissoutes »: celles des bestiaux égorgés, des oiseaux morts, des plantes coupées, pour être ranimées dans les profondeurs du ciel intermédiaire, au royaume d'Hathor. A la salle suivante, la salle du Lever, d'autres passes ont pour effet de féconder ces atômes inerts, et de les rappeler à une nouvelle vie. Au sanctuaire enfin, la célébration du mystère a pour effet de les faire redescendre sur terre, animer d'autres supports.

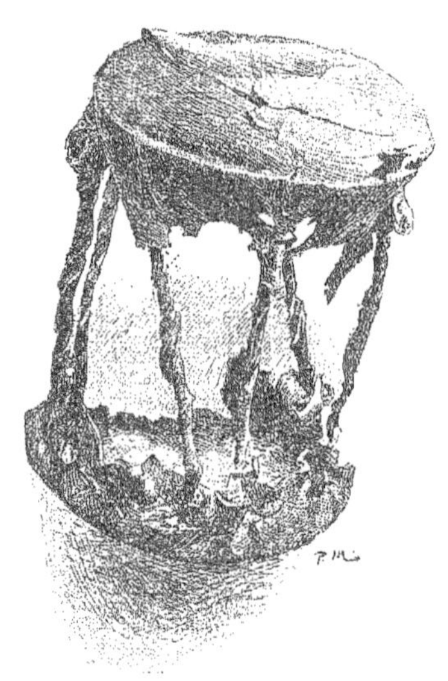

Tambourin de Myrithis.

L'on pourrait développer ce sujet à l'infini; chaque phrase des hymnes, chaque tableau des temples ou des tombes donne la démonstration parfaite de cette connaissance de l'occultisme, qui était l'essence même de la civilisation égyptienne. Il suffit d'avoir établi le fait en principe; car, entrer dans la démonstration, demanderait des volumes, pour se borner à rechercher la filière de quelques-unes des pièces retrouvées dans la sépulture de Myrithis.

Le tambourin, principalement, se rattachait aux cérémonies du culte isiaque. Pour l'Égypte antique, le principe du mal se trouvait personnifié par les ténèbres, l'ombre dissolvante, que les textes nomment *Sebahs*. Pour pallier à leur action, les peintures nous montrent l'emploi du son des instruments de musique. Les prêtres et les prêtresses agitent des sistres ou des tambourins aux processions de la statue d'Isis, la mère d'Horus, fils posthume d'Osiris, dont la tradition sacrée faisait le vainqueur du meurtrier de son père, ce dieu du mal et des ténèbres, Set, dont le symbole était l'hippopo-

Coupe, anneau et miroir de Myrithis.

tame des marais. De même, dans les tableaux relatifs à la naissance d'Aménophis, Isis en personne, apparaît, secouant ses sistres devant la Reine Maut-m-Oua, afin d'écarter d'elle le mal, à la scène de la conception du nouvel Horus, qui de même que celui de la légende divine, devait renouveler le pharaon son père, et affermir l'équilibre de l'existence dans le pays.

Nombre de peintures funéraires retracent les rites relatifs à la rénovation de l'être humain, appelé à la vie du double. Ces scènes ont trait surtout aux incantations par l'eau et le feu. C'est dans les cantons du mystère que s'opèrent les renaissances. Là, dans le domaine de Khéper, — celui qui se transforme, — le dieu symbolisé sous la forme du scarabée, se trouvent trois bassins : celui de Sokar, le défunt, ce qui a été, les atômes de la vie dissoute; celui de Haquel, la déesse dont l'emblème est la grenouille, ce qui devient, l'état embryonnaire, les atômes en voie de formation; le bassin du scarabée, ce qui est transformé, les atômes rénovés. Des autels, en forme de chandeliers, se dressent au-devant de chaque piscine, éclairant ces métaphorphoses de la lumière fermée au monde terrestre. Ailleurs, des cassolettes sont figurées, d'où la flamme s'élève, en se recourbant, faisant, disent les légendes, écrites en marge des tableaux, « monter et descendre la vie ». Ou bien encore, le prêtre officiant devant la momie, fera des passes destinées à rappeler les sens, puis présentera d'une main une cassolette, où le feu brille; pendant que, de l'autre, il répandra la libation d'un vase devant le mort.

Dans la magie gréco-romaine, le vase divinatoire, dont le miroir n'est qu'une variante, occupait donc naturellement la première place. Auprès de lui, figuraient les lampes. Quel était le principe de cette magie? L'évocation du double, désigné alors sous le nom d'esprit, La sorcière appelait les fantômes. A qui s'adressait-elle, pour cela? A Anubis, assimilé par les Grecs à Hermès, le guide et le protecteur des morts, dans la région de l'au-delà, le *Her-Sheta*, le maître des secrets du monde invisible, que les inscriptions des syringes thébaïnes du xviiie siècle avant notre ère appellent encore le grand Shaï, le Destin.

C'est par lambeaux que nous reconstituons les pratiques de cette magie hellénique, grâce aux satiriques et aux historiens, car l'objectif s'était modifié; la science occulte n'était plus le principe même de la civilisation du pays; la source vive de son existence. Le secret était perdu, la source était tarie; ce n'était plus que sortilèges, où la composition des philtres et les sabbats occupaient le premier rang. C'est dans Pline, Plutarque, Harapollon, Diodore, Apulée, qu'il faut en rechercher la trace; et cela fait, démêler, à travers leurs récits, le rituel des opérations.

Objets retrouvés dans la sépulture de Myrithis. — Petit dé cubique (autel?); — Chacal d'Anubis; — Figure de Mercure.

La coupe divinatoire avait été employée en Égypte, au temps des Ptolémées sans doute, témoin ce passage de Pline.

Tingit et Ægyptus argentum ut in vasis Anubidem suum spectet.

Aussi, Anubis était-il alors identifié à Khronos par les initiés, et à la divinité Panthée par les Gnostiques. La forme symbolique de chacal, gardien de la région infernale, était la seule employée au cours de ces opérations. Juvénal fait remarquer que : *Oppida tota canem renerentur*, ce qui fait s'écrier le poète chrétien Prudence

. . . . quæ caniformem
Latrantemque throno cæli præponat Anubem

. L'empereur Commode n'en portait pas moins l'image de cet Anubis aux fêtes d'Isis ; et, vers la même date, les Gnostiques l'associaient au dieu biblique. C'est qu'aussi, l'hérédité voulait qu'étant le maître des secrets du ciel et de l'enfer, il demeurât le révélateur par excellence pour les Alexandrins. Plutarque en donne la définition en ces termes : « Le dieu, qui fait connaître les supports des substances célestes avec les substances de la région funéraire, est appelé tantôt Anubis, tantôt Hermanubis. Le premier de ces noms désigne les relations des substances supérieures ; le second, celles des substances inférieures. »

Si le principe qui présidait ainsi à l'évocation demeure obscur, le formulaire de celle-ci nous est parvenu, par les papyrus d'époque romaine. Les textes sont innombrables ; mais, malheureusement, le plus souvent incomplets. Le principal, connu sous le nom de *Livre des Incantations du nome d'Oxyrinque*, est, de tous, le mieux conservé ; seul le commencement fait défaut.

Les premiers rites demeurent donc incertains : le texte débute par les recommandations à faire à un enfant, qui sert à l'opérateur d'intermédiaire.

« Tu diras à l'enfant : — Ouvre l'œil ! — Il ouvre l'œil et voit la lumière. — Tu lui feras crier : — Grandis, grandis, lumière ! Élève-toi, élève-toi, lumière ! Surgis, surgis, lumière ! Sors, sors lumière ! Toi qui es en dehors, viens en dedans ! — S'il ouvre l'œil, et ne voit pas la lumière, tu lui feras fermer l'œil ; et tu crieras sur lui, à plusieurs reprises : — Ténèbres, enlevez-vous, devant la lumière du grand Saï ! — »

« Tu lui feras ouvrir l'œil, afin que la belle lumière vienne ; et tu lui feras dire ces paroles : — Oh ! Anubis ! Viens, toi l'élevé, toi le fort, toi le Her Shéta du Douaout, (le maître des secrets de l'étoile polaire,) le roi des mystères de l'Occident, l'ensevelisseur d'Osiris, le puissant, dont la face brille parmi les dieux. Tu resplendis dans

Grotte d'anachorète.

l'abîme du Douaout. Tu protèges les âmes, qui viennent à toi de Toser (la tombe) — Viens sur terre! Apparais, que je fasse mon incantation. Dis-moi des paroles vraies, pour les choses sur lesquelles je t'interroges; car c'est moi, Isis, qui parle de ma propre bouche! »

« Tu diras ces paroles sept fois. »

« Tu diras à l'enfant : — Viens, amener les dieux à l'intérieur. — Il ira les chercher pour les amener à l'intérieur. Tu interrogeras

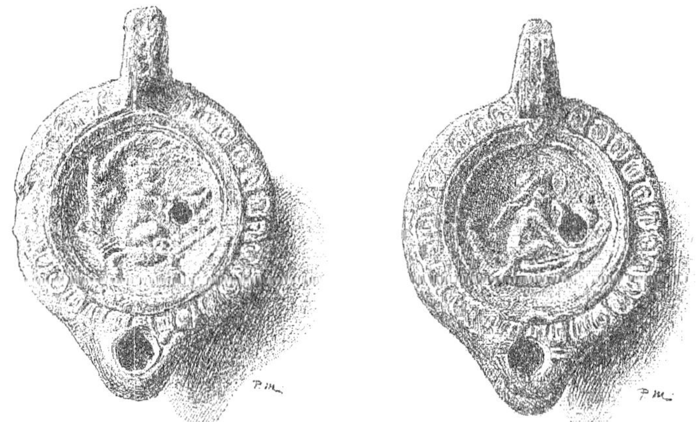

Deux des lampes de Myrilhis.

l'enfant, en disant : — Les dieux viennent-ils, à l'intérieur? — Il dira : — Oui, ils sortent. Vois-les! — Tu diras alors ces paroles : — Réveille-toi, dieu Shaï! Entre au cœur! »

Mais, ces dieux, où l'enfant allait-il les chercher? Dans la clarté des lampes.

« Formule pour la conjuration de la lampe. »

« Tu prends une lampe: tu la frottes avec de l'eau de gomme, la mèche est de fin lin. Remplis-là d'une mesure d'huile, et dispose-là au levant. Place, juste en face d'elle, un enfant pur. Tu couvres son œil

— 48 —

avec ta main; tu allumes la lampe, et tu prononces l'évocation sur sa tête. Tu répètes cette invocation sept fois. Tu lui fais ouvrir l'œil, et tu l'adjures, en disant : — Ah! vois-tu les dieux? — Il répond : — Je vois les dieux dans la clarté de la lampe. — Si les dieux lui disent de cesser, tu énonces ton souhait, étant entièrement seul. Tu frottes ton œil, avec l'onguent ci-dessous. Tu te tiens devant la lampe allumée. Prononce l'évocation sur elle, l'œil fermé. Tu l'arrêtes, tu ouvres l'œil,

La lampe à sept mèches de Myrilhis.

et quand tu vois les dieux derrière toi, parle-leur au sujet de ce que tu désires. Tu feras cela dans un lieu ténébreux. »

Suit la formule de l'onguent.

« Cela fait, tu places la lampe sur un support (?) de cuivre (?) Tu fais tenir l'enfant debout, devant elle, avec la face voilée. Tu récites l'évocation en langue grecque, sur sa tête, tu l'arrêtes et tu lui découvres la face. Jusqu'à ce que les dieux parlent, ne l'arrête pas. »

« Tu feras alors la conjuration selon ce que tu désires. Si tu désires que les dieux te parlent, bouche à bouche, tu réciteras : *Iâho, Iph Eoê, Kenthalhour, Niphâr Aphöï.* — Quand ils te parleront, cesse de prononcer les paroles d'invocation. Mais, s'ils ne te parlent pas, n'arrête point; mais récite cet autre nom : — *Tomthix Mantoun-Oboï,*

Kôkhirrhodor Dondroma Lycopher Kephaersopher. — Tu réciteras cette formule jusqu'à ce qu'ils répondent à la conjuration. »

Une autre formule donne le passage suivant :

« Lorsque tu as apporté un vase, tu étends une image d'Anubis sur lui, » ce qui ressemble singulièrement à l'emploi des miroirs constellés du Moyen Age, ayant, au fond, une image de diable. Enfin, les mèches des lampes portaient, tracées avec du sang, une figure de

Pic central de la vallée de l'Est.

chacal; et ailleurs, il est fait mention de chiens de cire, qui, à un moment donné, semblaient s'animer.

Je ne m'attarderai point à rechercher la 'part d'occultisme que, la science moderne pourrait retrouver dans ces pratiques. Tout au plus, il convient de noter, que des expériences récentes ont démontré qu'une force vitale émane du sang frais; et que ses effluves sont susceptibles d'impressionner les plaques photographiques. D'autre part, le miroir n'est qu'une variante de la coupe, et peut-être, faut-il classer comme tels nombre de prétendues patères, en se basant sur le témoignage même des auteurs anciens. Pline, parlant de cérémonies magiques, s'exprime en ces termes : « .. *ut narraveit Osthanes species ejus plures*

7

sunt. Namque . et aqua et sphæris et aere et stellis et multes alies modis divina promittit ». On connaît les miroirs d'Alexandrie qui, selon les auteurs byzantins, « faisaient voir de loin les ennemis ». D'autres exemples de l'emploi du miroir nous sont fournis par les auteurs classiques. Spartien rapporte qu'on interrogea un enfant au miroir, sur le combat que Tullius Crispinius devait livrer à Sévère. « *Ea quæ ad speculum dicunt fieri in quo pueri prælegaties oculis, incantato vertice, respeceri dicientur, Julianus fecit.* » Et, d'autre part, Apulée parle d'un autre enfant, interrogé à Tralles, au moyen de l'eau et d'une figure de Mercure, sur la guerre de Mithridate : « *puerum in aqua simulacrem Mercuri contemplatem ; quæ futura erunt centum sexaginta versibus cecinnisse* ».

Les rites de ces pratiques forment le fond de ceux aujourd'hui encore eu usage parmi les *seers* anglais, adonnés au *crystal gazing*, et qui emploient, à cet effet, la boule de cristal, exposée dans un demi-jour, qu'ils regardent, en tournant le dos à la lumière, après avoir pris soin de la garantir des reflets, au moyen de voiles noirs. Les images, ainsi perçues par eux, prennent une acuité, une netteté, une indépendance absolues. Elles s'animent, se meurent, disparaissent, réapparaissent ; et certains sujets vont même jusqu'à entendre les conversations des personnages évoqués.

Revenons à Myrithis, et à la magie gréco-byzantine. Celle-ci découlait en ligne droite de l'occultisme de l'Égypte ; des cérémonies, basées au dogme de vie, qui assuraient à l'homme l'existence du double ; cette vie d'outre tombe, où la momie servait encore de support à sa personnalité. Mais le secret était perdu alors, des passes maintenant la permanence de cette personnalité ; les rites avaient dégénéré en sortilèges. Toutes les pièces réservées aux mystères restaient cependant les mêmes, leur mode d'emploi seul était oublié. Le son des instruments de musique continuait, comme par le passé, à dissiper les puissances destructives ; les formulaires magiques servaient, de

même, de guides et de talismans au défunt; la lampe et la coupe
gardaient le symbolisme des éléments de chaleur et d'humidité, inhé-
rents à toute existence; grâce à eux, la personnalité psychique subsistait. Et cette personnalité, c'était par le miroir qu'elle était évoquée.
L'ensemble de ces objets était nécessaire aux pratiques magiques, et
aux scènes d'incantation.

L'un des cirques de la vallée du Nord-Est.

Le rôle des plantes n'est pas moins important à dégager. Le
persea avait été, de toute antiquité, l'arbre sacré de l'Egypte. D'après le
dogme, il ombrage le mystère céleste, et c'est, dissimulée dans sa
frondaison, qu'Isis versait sur l'âme désincarnée, — l'hirondelle à
tête humaine, — la libation du sang osiriaque, qui lui assurait l'accès
au séjour des élus. Les peintures nous montrent le torse de la déesse,
émergeant seul du feuillage: une main tendue vers l'oiseau mystique,
dans un geste d'imposition; l'autre, inclinant le vase, d'où le liquide

s'épanche à flots. Quand les dieux rendaient un décret en faveur du pharaon, leur fils, c'était encore sur les feuilles du *persea*, que Thot, l'historiographe divin, enregistrait la décision prise; et c'était sous son ombrage encore, qu'apparaissaient les dieux vivificateurs.

Le palmier, lui, aussi, symbolisait, d'une autre façon, le mystère des renaissances. C'était l'arbre de la déesse Taï, qui présidait au renouvellement. Un sceptre, fait d'une tige de palmier, est placé souvent entre les mains des dieux, lorsqu'ils procèdent aux passes, ayant pour objet de répandre la vie aux quatre points cardinaux, sur le monde. Les signes des panégyries de rénovation y sont alors suspendus, unis à ceux de vie, de puissance et de stabilité.

Quand au thapsia, importé de Cyrénaïque, il jouissait de propriétés pharmaceutiques, qui expliquent, peut-être, son emploi, et particulièrement de celle de distiller une gomme, qui pourrait fort bien être celle dont on frottait les lampes. La marjolaine enfin, croissait dans le pays. Elle est citée, ainsi que la rose, dans les odes amoureuses du temps des Ramessides. Elle s'associe alors à des idées de joie et de volupté. Peut-être, pourrait-on trouver l'indice d'un rapprochement, en ce fait, que les lampes sont ornées de figures d'Eros.

Tout cela, je l'avais laborieusement dégagé, de la comparaison des textes, de l'étude critique des peintures antiques, des données fournies par les auteurs gréco-latins; mais, un point restait obscur, qui échappait à toutes mes recherches. Le rôle du miroir, où, pour mieux dire, son mode d'emploi. Je songeai alors à recourir à l'opinion de l'un des maîtres de l'occultisme, et le priai de venir procéder à diverses expériences. Malheureusement, étant donné l'état actuel de la glace, aucune n'avait fourni de conclusion. Et, je désespérais de pouvoir présenter, sinon une indication certaine, du moins, une hypothèse admissible, lorsqu'en se retirant, mon interlocuteur me dit :

« Je vous enverrai M. X..., c'est l'un de mes meilleurs élèves. Nul ne l'égale en psychométrie, et vous n'aurez qu'à lui mettre en mains chaque objet; sa sensibilité nerveuse est telle, qu'il *voit* tous les événements auxquels ceux-ci ont été mêlés. »

J'attendis curieusement, plusieurs jours, la visite du mystérieux disciple du Maître. Enfin, un mot me parvint, me fixant un rendez-vous. A l'heure dite, je me trouvai en présence d'un homme au visage plein, la figure comme contractée par une tension fébrile. Les yeux mobiles, d'un bleu clair, avaient surtout un éclat extraordinaire; et certains mouvements brusques, dénotaient une surexcitation, qui faisaient de lui une captivante personnalité.

« Oui, me dit-il, en m'abordant, c'est vrai, que j'ai le don de *voir*, et le pays et les faits qui s'y sont passés, à l'époque même la plus lointaine, pourvu que je touche un objet qui en provienne, et qui y ait été associé. Ma première vision est celle de la dernière étape parcourue; puis, insensiblement, je remonte à l'origine. La matière vit : elle garde, adhérents à sa surface, les atômes qui s'y sont fixés, par suite de contacts successifs. Ces atômes conservent, eux aussi, leur vie propre. Chaque molécule. tour à tour, se ranime. Voilà pour le principe de la vision. Comment se fait-il que chacun ne soit point doué pour la percevoir? Cela tient à une cause que vous connaissez sans doute. La cellule cérébrale vibre, à raison de cinquante-quatre pulsations par seconde. A ce chiffre, la vision ne peut se ranimer. A des gens qui, comme moi, ont plus de cent pulsations cérébrales, il suffit d'appliquer un fragment quelconque sur le front, pour que la pensée s'identifie les atômes vivants sur les surfaces. Voulez-vous que nous commencions? »

Je pris quelques feuilles du *persea*, qui avaient recouvert la morte; son miroir; son parchemin aux caractères magiques, puis, m'installant à une table, en face de mon visiteur, j'attendis, un carnet en mains, prêt à noter chaque mot.

Cette attente ne fut pas longue; et, après avoir soufflé sur l'une des feuilles, pour en ranimer les poussières, l'avoir fixément regardée, et se l'être appliquée sur le front, M. X... me dicta ainsi ses impressions, que je rapporte, en leur gardant la forme exacte, sous laquelle elles furent énoncées :

« C'est très dur, en raison de contacts de plusieurs siècles avec le cadavre... cette feuille en est toute imprégnée... il faudra un instant, pour remonter au-delà. Ah ! Je vois un pays plat, avec un ciel bleu, d'une clarté incomparable... Il y a des montagnes... Sur une colline, dominant la mer (1), une maison à terrasse blanche, avec des fresques peintes, tout autour, et des colonnettes, formant une vérandah avancée. Il y a deux entrées ; la principale à gauche, du côté de la montagne. Oh! ces montagnes; elles sont roses et lilas! En pénétrant dans la maison, c'est pavé de mosaïques. Pas de portes; des rideaux séparent seuls les diverses pièces; jaunes, avec des dessins polychromés. D'autres, sont à rayures rouges, sur les bords, et constellés des signes du soleil. »

« Au milieu de l'une de ces pièces, voici un groupe de cinq personnes, accroupies sur une natte, autour d'un grand vase, en terre brune, de forme très évasée. Ces gens-là appartiennent à des races diverses, l'un est blanc, l'autre rouge, les pommettes saillantes. Ah ! voici une femme blanche, » les cheveux blonds, très bien arrangés, mêlés de perles... Sur la poitrine, elle porte un collier de saphirs oblongs.

« Tout le monde est parti... En face de la maison, sur la mer, glisse un bateau extrêmement élégant, avec des voiles brodées d'or, qui ont l'aspect d'ailes d'oiseau. A l'arrière, est une sorte de vélum rouge, supporté par des colonnettes sculptées. C'est une barque de plaisance, chargée de danseuses et de musiciennes. Je vois les harpes dorées; le haut offre l'aspect de têtes d'épervier. Ah! Le rivage est le

---

(1) A Antinoë, le Nil a 1.200 mètres de large. Les Egyptiens l'appelaient Pa Ima — la mer; de même les Arabes El Bahr.

théâtre d'incursions sauvages. Voici des hommes, coiffés d'une sorte de bonnet phrygien rouge, armés d'arcs et de lances. Dans les montagnes, s'engagent des luttes terribles: on se massacre à coups de

Grotte d'anachorètes.

massues rondes, hérissées de pointes de fer. Sur la colline, voici maintenant un groupe de prêtres, en robes blanches. Ils étendent les mains sur les combattants. L'un a un diadème, en forme d'oiseau; les autres portent des couronnes de branchages. Derrière eux, un autel, surmonté d'une statue. Quelle tuerie! Ah! »

Une fatigue, presque une souffrance, était visible sur les traits de M. X... Je repris de ses mains la feuille qui ne me donnait point les secrets magiques. Après quelques minutes de silence, je lui tendis le miroir, et anxieusement attendis.

La première sensation me rassura vite. A peine avait-il pris le miroir en mains, que ses traits se contractèrent, un battement d'yeux convulsif trahit une émotion profonde ; et le regard éprouva, à se fixer sur la glace, une difficulté.

« Il flotte, sur cette glace, des images d'invisible, c'est un objet occulte » me dit-il, d'une voix grave. Puis, comme pour s'en défendre, il posa son pouce sur l'étroite lentille, mais un spasme violent le fit tressaillir; et le buste se courba dans un affaissement douloureux. Quelques secondes, il ferma les yeux; puis, dans un effort, s'appliqua enfin la boîte d'ivoire sur le front; mais un halètement pénible soulevait sa poitrine. « C'est de la magie, reprit-il enfin. Je suis dans un caveau, aux murs blancs, couverts de voûtes basses, sur lesquelles courent des inscriptions hiéroglyphiques. Au milieu, un chaudron est posé à terre, sur un feu, grand allumé. Tout autour, formant une ronde, voici cinq personnes. Une femme, extrêmement jeune, les cheveux épars sur les épaules, est vêtue d'une robe bleue, avec broderies noires, où je distingue des signes cabalistiques. Tous les assistants tiennent un miroir, semblable à celui-ci, et regardent, au centre, fixement. Ah!... Il y a du sang répandu partout... C'est un sacrifice... Non, c'est plus qu'un sacrifice, c'est de la sorcellerie. Le sang est mis dans le chaudron. Il y a partout des cœurs d'oiseaux, transpercés d'une longue aiguille... Mais, dans ce caveau, il n'y a ni portes ni fenêtres! Par où donc arrivent tous ces gens maintenant? Ah! Par une sorte de couloir bas, qui chemine dans la montagne et qui aboutit à un temple. Je m'explique tout. C'est une scène d'initiation corrompue. Sur terre, des fidèles assistent à un rite permis. D'autres descendent par le souterrain, pour se livrer à des scènes de magie défendues. Du sang! Du sang répandu partout! Oh! C'est effrayant! »

Une fois encore, j'interrompis la vision; elle semblait devenir trop pénible. J'étais fixé, d'ailleurs, sur le rôle du miroir, et savais, qu'il

Grotte d'anachorètes.

avait été associé à des opérations magiques. Peu importait, pour l'instant, le détail des scènes dont il avait été témoin.

Une dernière pièce restait à expérimenter; le parchemin, couvert de signes cabalistiques. J'y avais reconnu des figures solaires; la formule qu'on trouve en tête des textes hébraïques de la Bible; un groupe d'hiéroglyphes linéaires, où il m'avait semblé possible de lire le mot *Per*, — ouverture, commencement. Sans mot dire, je le tendis à M. X..., qui, un instant, resta silencieux, en proie à un trouble nouveau, et qui, enfin, reprit :

« Voici un homme, couvert d'une cotte de mailles, passée par-
dessus une tunique rouge, laissant libres les épaules (1) qui trace, sur
un parchemin semblable à celui-ci, des signes mystiques. Il y a des
broderies autour de son manteau, au milieu desquelles je distingue
des têtes d'oiseaux. Près de lui, dans un coin, est une épée nue,
avec une poignée forgée en forme de croix. Une tête orne chacun
des pommeaux. Ah! On entasse des têtes humaines dans un coin de la
chambre! L'homme s'arrête d'écrire et se tient sur ses gardes. La pièce
se remplit de gens, appartenant à des races différentes, de même
que tout à l'heure dans le caveau... Le désert maintenant!... Des
colonnes brisées... Me voici dans un temple souterrain... Ah! Aux
pieds d'une statue, un groupe de femmes encore... des scènes de
sacrifices. Des hommes sont égorgés, un à un, et leur sang est
emporté dans le chaudron...! »

Et la scène reprenait, pareille à celle de tout à l'heure ; je mis fin
à ces évocations terribles. Quand, quelques jours plus tard, je revis le
Maître, et lui dis combien j'avais été frappé de la précision inouïe des
paysages décrits par M. X..., qui, jamais, n'a vu le désert d'Antinoë,
dont il m'a décrit les moindres sinuosités, il me répondit, avec un
sourire : — « Et les scènes sont aussi fidèles, n'en doutez pas un
instant. »

Qu'ajouterai-je à tout cela, pour tenter d'évoquer, à mon tour,
cette troublante figure de Myrithis; non plus par des moyens occultes ;
mais dans la vision imaginaire de la civilisation où elle vécut, et dont
les fouilles d'Antinoë nous ont ressucité tant de personnalités, comme
échappées à leurs tombeaux.

L'idée seule de la magie impose de suite, à notre esprit, le
souvenir d'une Canidie ou d'une Sagane. Les vers d'Horace nous

____

(1) Le manteau de pourpre des Byzantins est à longues manches, qu'on laissait pendre
sur le dos.

reviennent involontairement en mémoire, et la classique sorcière, vieille et décharnée, des sabbats des Esquilies, se dégage des ombres hideuses, qui erraient là à son appel. Ce ressouvenir gâte l'impression vraie de cette étrange période de la décadence romaine, où jusqu'aux sortilèges, si tragiques fussent-ils, conservaient un cadre de splendeur.

C'était l'instant où les mythes étrangers, introduits dans le panthéon olympien, l'absorbaient; où les prêtres égyptiens célébraient, pour des initiés barbares, les mystères dégénérés d'Isis, devenue la déesse éleusienne. Dans le temple, élevé à la limite de la ville hadrienne, sous les plafonds de granit, constellés d'étoiles d'or, l'office conservait encore son ancien caractère de sainteté. D'autres rites, moins purs, plus conformes aux instincts helléniques, avaient pour théâtre les cryptes. Plus loin encore, dans des asiles impénétrables, creusés aux flancs des rochers, les sacrifices sanglants en usage parmi certaines peuplades de la Grèce avaient lieu. C'était l'interrogation augurale des entrailles palpitantes des animaux, et jusqu'aux sacrifices humains des Cariens et des habitants des îles. Et la figure de Myrithis se profile dans la pénombre de ces retraites tragiques, où le sang coulait par larges nappes rouges, pourpre vive, pareille à celle de son mantelet. Elle s'y découpe, le visage auréolé de fleurs, mince et élégant tanagra vivant, effleurant de sa robe couleur de crépuscule les figurines de l'Anubis, gardien de l'Occident, le dieu, qui de toute éternité, avait accueilli les ombres à leur entrée dans la région funèbre, où, bientôt, il allait disparaître, lui-même. Elle s'y estompe, comme en des lueurs d'automne, dans les feuilles mortes, tombées du *persea* sacré, avec cette mélancolie de ce qui va finir. Finir? Non, se renouveler, selon la loi immuable de l'Égypte. Elle, qui avait tant de fois prononcé l'évocation sacramentelle. « O, Anubis, toi, le maître des secrets de l'abyme, l'ensevelisseur d'Osiris, » elle apparaît, comme l'ensevelisseur du guide des morts. La religion, qui pendant tant de siècles avait bercé l'espérance la plus spiritualiste de l'antiquité s'effrite, dans la désagrégation de tout le vieux monde. Osiris, pour la seconde fois va mourir, et, dans les profondeurs de cet Amenti, où il a accueilli des générations de croyants, se transformer à son tour, pour renaître, Dieu-Bon ressuscité, à la voix de l'apôtre d'Alexandrie. Il prendra corps, pour les gnostiques, dans le christianisme de Basilide et de Valentin. Elle s'évoque enfin dans l'ambiance de ces transitions, cette Myrithis aux blonds cheveux, jadis tramés de perles fines, comme la hiératique figure de la déesse Haquet, impassible au seuil du domaine de Khéper — ce qui est en train de devenir.

Paris. — L. Maretheux, imprimeur, 1, rue Cassette. — 6107.